AF200214

Karl Arnd

Die deutsche Bundesreform und der deutsch-französische Handelsvertrag

Karl Arnd

Die deutsche Bundesreform und der deutsch-französische Handelsvertrag

ISBN/EAN: 9783744608909

Hergestellt in Europa, USA, Kanada, Australien, Japan

Cover: Foto ©Suzi / pixelio.de

Weitere Bücher finden Sie auf **www.hansebooks.com**

Die

deutsche Bundesreform

und der

deutsch = französische ·Handelsvertrag.

Von

Karl Arnd.

Die

deutsche Bundesreform

und der

deutsch = französische Handelsvertrag.

Karl Arnd.

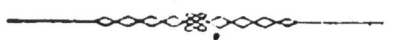

Frankfurt a. M.

Druck und Verlag von Heinr. Ludw. Brönner.

1863.

Einleitung.

So weit auch die Urtheile über unsere deutsche Bundesver=
fassung auseinandergehen, so stimmen sie doch in dem einen
Punkte überein, daß dieselbe einer Reform wesentlich bedürfe.

Da indessen der Bildung jedes Organismus ein bestimmtes
Ziel — ein zu erstrebendes Ideal — vorschweben muß, so besteht
unsere Aufgabe zunächst in der Aufsuchung derjenigen politischen
Organisation unseres Bundes, durch welche, unter den gegebenen
Verhältnissen, mittelst derselben den materiellen und geistigen
Bedürfnissen seiner Bevölkerung eine genügende Befriedigung
gewährt werden kann.

Eine solche Organisation war so lange noch nicht möglich,
als die beiden größeren Mitglieder des Bundes eine konstitutio=
nelle Verfassung bei sich noch nicht eingeführt hatten; — erst jetzt
ist der Zeitpunkt eingetreten, wo an die verlangte Reform gedacht
werden kann.

Zu ihrer Einführung ins Leben gibt es zwei Wege: der Weg
einer plötzlichen Umgestaltung, welcher aber ohne revolutionäre
Erschütterungen nicht wohl zum Ziele führen kann; und der Weg
der allmähligen Annäherung an das zu erstrebende Ziel.

In beiden Fällen bedürfen wir eine genaue Kenntniß dieses
Zieles; — denn nur dadurch werden wir uns im Stande fühlen,
jede eintretende Veränderung nach ihrem wahren Werthe zu

1 *

würdigen, weil jede Annäherung an jenes Ziel als heilsam, und jede Entfernung von demselben als verderblich angesehen werden muß.

Nach meiner Ansicht ist es nur dieser Weg, auf welchem wir eine sichere Grundlage gewinnen können zur Lösung mancher, schon in diesem Augenblicke vorliegenden Frage, und so auch derjenigen über die Annahme oder die Verwerfung des deutsch-französischen Handelsvertrages.

§. 1.

Dermalige Lage.

Bis zum Jahre 1848 war Metternich bemüht, das, was er für das böse Princip hielt — den revolutionären Geist — welcher, nach seiner Meinung, überall in Europa umging, niederzuhalten; in Oesterreich überwachte er die Presse und verschloß die Grenzen gegen sein Eindringen; mit gleichem Eifer bekämpfte er seinen Feind im deutschen Bunde; — auch da beschränkte er die Preßfreiheit, verfolgte er jeden freien Gedanken; die werthvollsten Männer der Nation wurden von ihren Lehrstühlen und aus ihrem Vaterlande vertrieben; jede Willkür, jeder Verfassungsbruch und jede Gewaltthat, sobald sie von einem Fürsten ausgingen, fanden bei ihm Unterstützung und Schutz.

Preußens König und die übrigen Fürsten überließen gerne dem österreichischen Minister einen überwiegenden Einfluß, da er mit so großer Sorgfalt ihren Absolutismus und ihr Vongottesgnadenthum in vollem Ansehen erhielt.

Metternich und der Bund erlagen gleichmäßig dem Sturme des Jahres 1848, und während Oesterreich die heftigsten Erschütterungen erfuhr, trat an die Stelle des Bundes die Nationalversammlung in Frankfurt.

Allein, anstatt in Uebereinstimmung mit den deutschen Machthabern, alsbald eine Reform des Bundes vorzunehmen und schnell ins Leben einzuführen, verlor jene Versammlung die kostbare Zeit mit der Aufstellung von theoretischen Grundsätzen und mit der Berathung von Gesetzen, zu deren Vollziehung es dann an einer erekutiven Gewalt gebrach; — Oesterreich, welches einer völligen Auflösung entgegenzugehen schien, hatte bereits der Versammlung seine Anerkennung verweigert; — sollten die Früchte ihrer Thätigkeit nicht völlig verloren gehen, so mußte eine andere, hinreichend starke Macht angerufen werden, die den Gesetzgebern der Pauls=kirche ihr Schwert darzuleihen bereit war.

Das Anerbieten der Kaiserkrone schien den persönlichen Neigungen Friedrich Wilhelms IV. von Preußen vollkommen zu entsprechen, und so entsendete man jene Deputation nach Berlin, welche nur an dem Gottesgnadenthum scheiterte, weil man sich nicht entschließen konnte, es gegen ein Vonvolksgnadenthum zu vertauschen.

Obwohl hiernach das ganze Vorhaben umsomehr als völlig verfehlt angesehen werden mußte, weil auch die politische Auf=regung sich immer mehr beruhigte und die souveräne Herrschaft der Einzelstaaten sich aufs Neue befestigte, so bestehen doch die Nachwirkungen jenes Schrittes immer noch in voller Kraft.

Die in Berlin aufgeregten Herrschergelüste hatten tiefe Wur=zeln geschlagen; auf die einmal dargebotene Obergewalt glaubte man einen Rechtsanspruch gewonnen zu haben.

Andererseits hatte der metternichsche Absolutismus das Ver=trauen des deutschen Volkes von Oesterreich ab=, und Preußen zu=gewendet; — es bildete sich ein sogenannter Nationalverein, welcher auf den Gemeinsinn der deutschen Nation und auf die Förderung ihres konstitutionellen Lebens zwar sehr wohlthätig einwirkte, daneben aber die Erekutivgewalt des Bundes für Preußen noch fortwährend in Anspruch nahm, und den Austritt Oesterreichs aus demselben verlangte.

Obwohl er nun zwar von diesen beiden Forderungen allmählig zurückkömmt, so konnte er doch bis daher zur förmlichen Abän=derung seines ursprünglichen Programmes noch nicht gelangen.

§. 2.

Erreichbare Ziele.

Sollen unsere Entwürfe auf Verwirklichung Anspruch machen, so müssen sie in der Befriedigung der allseitigen Interessen ihre Rechtfertigung finden.

Kein souveräner Staat wird sich jemals, ohne Nöthigung, oder die Aussicht auf überwiegende Vortheile, einem anderen Staate freiwillig unterordnen; — für jede Beschränkung seiner Souveränität wird er ein volles Aequivalent an anderen Vortheilen verlangen.

Sicherheit gegen übermächtige äußere Feinde erhält jeder Einzelne durch die Verbindung seiner Streitkräfte mit denen anderer Bundesglieder; — gesicherte Theilnahme am großen Welthandel erhält er durch seine Theilnahme an einer konsularischen Vertretung und einer bewaffneten Beschützung der allgemeinen Handelsinteressen der verbündeten Staaten in fremden Ländern; — Sicherheit gegen innere Aufstände und Anarchie erhält er durch eine konstitutionelle Verfassung im eigenen Lande, und in einem Nationalverbande.

Je kleiner die Beschränkung der eigenen Souveränität ist, welche gegen den Genuß dieser Vortheile verlangt wird, desto größer wird die Bereitwilligkeit sein, sich derselben zu unterwerfen.

————

Hier begegnen wir bereits jener Parthei, welche aus Deutschland alle kleinen Souveränitäten entfernen, und aus dem ganzen Lande einen einheitlichen Staat bilden möchte.

Dieses Verlangen erscheint uns jedoch nur bis auf das obenbezeichnete Maaß erreichbar; — ein Ueberschreiten dieses Maaßes

würde selbst auch dem geistigen Fortschritte, und dem freien Entwicklungsgange der deutschen Nation zum Nachtheile gereichen.
Es beruht jene Vorstellung, wonach sich das Glück der Völker
nach der Größe des Staatsgebietes abmißt, dem sie angehören,
auf einer großen Täuschung; — viel glücklicher fühlen sich die
Bewohner wohlregierter kleiner Staaten, wie jene in der Schweiz
und in Deutschland, und wie jene des alten Griechenlandes: und
welches Volk hat wohl, in Beziehung auf Vielstaatigkeit, eine so
große Aehnlichkeit mit dem griechischen, als das deutsche?

Zu allen Zeiten war es die Concurrenz der geistigen Kräfte —
der Wetteifer, sich auf allen Gebieten des geistigen Strebens
wechselseitig zu überbieten — was die Menschen, aus ihren
rohen Naturzuständen, auf höhere Culturstufen gelangen ließ.
Würden unsere Geschichtskenntnisse in das Zeitalter der Kindheit
aller Culturvölker hinaufreichen, so würden wir dieß ebensowohl
bei den Babyloniern, den Persern, den Aegyptern, den Japanesen
und Indiern bestätiget finden, wie wir es von den Chinesen,
Phöniziern, Lateinern und Griechen, sowie von den Italienern
des 14. Jahrhunderts wissen.

Schon Gibbon sagte in seiner Geschichte des römischen
Reiches:

„In allen Aufgaben des thätigen und forschenden Lebens, ist
der Wetteifer der Staaten und Einzelner die mächtigste Trieb-
feder der Anstrengungen und Fortschritte des Menschenge-
schlechtes. Die Städte Griechenlands waren in jene glückliche
Mischung von Einheit und Unabhängigkeit geworfen, welche sich,
nach einem größeren Maßstabe, aber in einer lockereren Form, in
den Nationen des neueren Europa wiederholt."

Ferner sagt Göthe (nach Eckermann):

„Woburch anders ist Deutschland groß, als durch eine be-
wundernswürdige Volkscultur, die alle Theile des Reiches gleichmäßig durchdrungen hat? Sind es denn aber nicht die einzelnen
Fürstensitze, von denen sie ausgeht, und welche ihre Träger und
Pfleger sind? Gesetzt, wir hätten in Deutschland seit Jahrhun-
derten nur die beiden Residenzen Wien und Berlin, oder gar

nur eine; da möchte ich doch sehen, wie es um die deutsche Cultur stände; ja auch um einen überall verbreiteten Wohlstand, der mit der Cultur Hand in Hand geht?"

„Deutschland hat über zwanzig, im ganzen Reiche vertheilte, Universitäten und über hundert, ebenso verbreitete öffentliche Bibliotheken; an Kunstsammlungen und Sammlungen von Gegenständen aller Naturreiche ebenfalls eine sehr große Zahl; denn jeder Fürst hat dafür gesorgt, dergleichen Schönes und Gutes in seine Nähe heranzuziehen. Gymnasien und Schulen, für Technik und Industrie, sind im Ueberflusse da. Ja es ist kaum ein deutsches Dorf, das nicht eine Schule hätte. Wie steht es aber um diesen Punkt in Frankreich?"

„Und wiederum die Menge deutscher Theater, deren Zahl über siebzig hinausläuft, und die doch auch als Träger und Beförderer höherer Volksbildung keineswegs zu verachten. Der Sinn für Musik nnd Gesang und ihre Ausübung, ist in keinem Lande so verbreitet wie in Deutschland."

Endlich sagt Jos. v. Eötvös:

„Es unterliegt keinem Zweifel, daß in kleineren Staaten ein größeres Maß bürgerlicher Freiheit möglich sei, als in größeren, und ich bin fest davon überzeugt, daß größere Staaten auch der intellektuellen Entwicklung der Völker nicht ebenso günstig sind. Wie die höhere Gesittung Griechenlands im Alterthume, so ist in unserer Zeit die sittlich und intellektuell höhere Bildung des deutschen Volks, dem Bestehen kleiner Staaten zuzuschreiben."

Immer war es die von der Kleinheit der Staaten begünstigte Concurrenz der Geisteskräfte, was Bildung und Cultur hervorrief, und immer war es die Vereinigung derselben zu großen Monarchien, was den Absolutismus begünstigte und was, durch diesen den Verfall und die Barbarei herbeiführte; deßwegen müssen wir auch die von England und Oesterreich den Gemeinden, und von Oesterreich und Preußen den einzelnen Provinzen gewährte politische Selbstständigkeit als eine höchst wohlthätige Einrichtung begrüßen.

Jene allzu große Gebiets-Zersplitterung, wie wir sie in

Thüringen und in der Gegend von Braunschweig und Homburg antreffen, ist allerdings vom Uebel, sie kann aber ohne gewaltsames Eingreifen in bestehende Besitzverhältnisse nicht beseitiget werden; in Thüringen wurde sie bereits durch das Aussterben des Hauses Gotha vermindert, und bei Braunschweig und Homburg wird sie sich, durch das bevorstehende Aussterben dieser beiden Fürstenhäuser, ebenfalls vermindern, und es kann auch in der Folge keine Vermehrung, wohl aber wird eine Verminderung dieses Uebels nach und nach überall eintreten.

Müssen wir auch jede weitergehende Beschränkung der Souveränität der gegenwärtigen Bundesstaaten als unerreichbar zurückweisen, so müssen wir doch eine andere Forderung des Bundeszweckes als eine unerläßliche, und zugleich auch als eine erreichbare bezeichnen; nämlich die Beseitigung der bisherigen Spaltung einzelner Bundesstaaten in einen Theil, welcher dem Bunde angehört, und einen anderen Theil, welcher von ihm ausgeschlossen ist.

Bei der Bildung des deutschen Bundes hatte man den Umstand nicht beachtet, daß den Bundesgliedern eine gewisse souveräne Selbstständigkeit zugestanden war, daß daher jeder Bundesstaat eine einheitliche Organisation aller seiner Theile anstreben werde, und daß jene Spaltung in zwei Theile — wie sie vom Bundesgesetz verlangt wurde — als naturwidrig, und jeder zeitgemäßen Entwicklung der Staatsgesellschaft widerstrebend, erscheinen würde.

Man hatte von Oesterreich nur ein Viertheil seines Ländergebietes, von Dänemark nur Holstein, und von dem Königreich der Niederlande nur Luxemburg in den Bund aufgenommen, und dagegen in der preußischen Monarchie die Provinz Posen vom Bunde ausgeschlossen; — und doch war es selbstverständlich, daß wenn der eine Theil dieser Staaten in einen Krieg verwickelt werden sollte, auch der andere Theil daran Theil nehmen würde, und daß im Kriege alle Staaten in ihrer Ganzheit und nie mit nur einem Theile ihrer Gebiete einander gegenüberstehen.

Da die gemeinsame Abwendung jeder Kriegsgefahr den wesentlichsten Zweck des Bundes bildet, so kann er diesen seinen ersten und wesentlichsten Zweck nur erfüllen und eine lebens= kräftige naturgemäße Organisation nur erhalten, wenn die durch ihn verbundenen Staaten in ihrer Ganzheit ihm angehören.

So lange das gegenwärtig bestehende widernatürliche Ver= hältniß fortdauert, ist an eine gedeihliche Organisation desselben nicht zu denken.

Da sich Stärke und Sicherheit, den drohenden Kriegsge= fahren*) gegenüber, um so leichter erreichen läßt, je weiter sich

---

*) In welcher Gefahr Deutschland, den drei nichtdeutschen europäischen Großmächten gegenüber, noch fortwährend schwebt, das können wir aus der neueren Geschichte ermessen. Nachdem die Ländergier der Franzosen vom Jahre 1632 bis 1681 das deutsche Elsaß verschlungen hatte, stand im Jahre 1812 beinahe die Hälfte vom übrigen Deutschland unter französischer Herr= schaft, von welcher nur das kräftigste Zusammenwirken der ganzen Nation es wieder befreien konnte; und gegenwärtig noch wird in den Schulen die heranwachsende Jugend dahin belehrt, daß der Rhein die natürliche Grenze Frankreichs bilde.

Aehnlich ist die Gefahr von Seiten Rußlands, denn die dortige Diplomatie sieht sich immer noch an das Testament Peter I. gebunden, wonach die Aus= dehnung der russischen Herrschaft über alle Länder Europas eine berufsmäßige Aufgabe seiner Nation bildet; seitdem wird von ihr kein Friedensschluß unterzeichnet, in dem sich Rußlands Grenzen nicht nach irgend einer Seite hin erweitern; selbst seinen Alliirten, den König von Preußen, beraubte Alexan= der I. 1807 der Provinz Bialystok. Im Jahr 1809 eroberten die Russen Finnland und im Jahre 1815 bemächtigten sie sich Warschaus; von 1850 bis 1854 beanspruchte der Kaiser Nikolaus das Protektorat über den deutschen Bund; im Jahre 1860 erweiterte Rußland seine Grenzen am Amur und gegenwärtig bestehen die Tscherkessen und Polen blutige Kämpfe gegen das= selbe, für ihre Unabhängigkeit und Nationalität.

Da im Jahre 1814 die englischen Diplomaten die Absicht hatten, mit= telst der Vermählung ihrer Erbtochter Charlotte mit dem Erbprinzen von Oranien, Holland mit ihrem Lande zu vereinigen, so nahmen sie für dessen Haus auch Belgien und Luxemburg in Anspruch, wodurch es dann unmög= lich wurde, Preußen für seinen Länderverlust vollständig zu entschädigen, ohne

die Ausdehnung des Bundes erstreckt, so würde der Eintritt
jener vier Staaten, welche dem Bunde nur theilweise angehören,
mit ihrem ganzen Ländergebiete, dem Zwecke desselben sehr förder=
lich sein; — es entspricht daher das Anerbieten Oesterreichs: mit
seinem ganzen Ländergebiete in den Bund einzutreten, dem
Zwecke desselben in einem hohen Grade; der Bund, welcher
gegenwärtig gegen 40 Millionen Seelen umfaßt, würde sich dann
auf 68 Millionen verstärken, und so wie er dadurch eine große
Ueberlegenheit über jeden Nachbarstaat erlangen würde, würde
auch jene Anstrengung jedes einzelnen Bundesstaates vermindert
werden können, zu welcher er sich gegenwärtig genöthiget sieht,
damit das Bundesheer dem Kriegsheere jeder anderen Großmacht
die Wage halten kann.

Sollte Oesterreich mit seinem ganzen Ländergebiete in den
Bund eintreten, und dieser eine, seinem Zwecke entsprechende,
Organisation erhalten, so würde das Vertrauen in seine Schutz=
fähigkeit so sehr anwachsen, und die übrigen Vortheile, welche
er seinen Mitgliedern gewähren würde, würde allen kleinen mittel=
europäischen Staaten so sehr in die Augen leuchten, daß nicht
nur Dänemark und Holland, sondern auch Belgien und die
Schweiz sich ihm anzuschließen suchen würden.

Während der ungeschmälerte Fortbestand aller dieser Staaten
vom Wohlwollen der Großmächte abhängt, und sie, in allen
äußeren Verhältnissen, ihnen als schwache Schützlinge gegenüber=

---

den König von Sachsen — dem man bereits Warschau abgenommen hatte
— auch noch seiner deutschen Länder zu berauben; da nun Oesterreich für
Sachsen eintrat, so entstand, durch die Ländergier der Russen und Engländer,
auf dem Wiener Congresse ein solcher Zwiespalt, welcher einen europäischen
Krieg herbeizuführen drohte, und welcher nur durch das plötzliche Erscheinen
Napoleons von der Insel Elba, abgewendet wurde.

Durch die standhafte Weigerung der Prinzeß Charlotte, auf die vorge=
schlagene Heirath einzugehen, gingen jedoch die Früchte jener diplomatischen
Combination verloren, und so war es eine verfehlte Spekulation der eng=
lischen Diplomatie, was einen großen Antheil hatte an der heutigen politischen
Gestalt von Mitteleuropa; und was auch die rücksichtslose Ländergier der
Engländer ebenfalls beurkundete.

stehen, würden sie sich durch den Eintritt in diesen Bund zu einer gleichen Sicherheit und Würde emporheben, und sich unbesorgt und ruhig den Künsten des Friedens hingeben können, ohne — wie bisher — ihre Staatskräfte zur Selbstvertheidigung übermäßig anspannen zu müssen; selbst Dänemark würde — eingedenk der Jahre 1801, 1807 und 1814 — es in seinem Interesse finden, den alten Groll zu vergessen, und sich unter die schützenden Flügel unseres Bundes zu begeben; — denn von dieser Macht würde nur eine Vertheidigung des Besitzstandes zu erwarten und nie eine Beraubung desselben zu befürchten sein.

—————

Eine weitere Forderung, welche die fortschreitende Cultur an den deutschen Bund stellt, ist die Vereinigung aller seiner Theile in ein einheitliches Handelsgebiet, vermittelst der Beseitigung aller, innerhalb desselben befindlichen Zolllinien und Beschränkungen des Verkehrs; denn bei der Wichtigkeit der Rolle, welche der Handel und die materiellen Interessen überhaupt in den heutigen Staatsgesellschaften einnehmen, kann ein inniges Bundesverhältniß nicht gedacht werden, wo Zollschranken die Einheit des Handelsgebietes aufheben; — auch werden solche Handelsbeschränkungen von der heutigen Wissenschaft auf das entschiedenste verworfen.

Eine weitergehende Forderung betrifft die einheitliche Beschützung und Vertretung der Handelsinteressen des Bundes gegen Außen, mittelst einer einheitlichen Seemacht, einer einheitlichen Bundesflagge und einer gemeinschaftlichen Consularvertretung auf allen Verkehrstationen des Welthandels.

Es kann nämlich die deutsche Nation im Welthandel nur dadurch zu der, ihrer Stärke und Bildung entsprechenden, Geltung gelangen, daß sie in ihrer Gesammtheit als eine engverbundene Macht auftritt.

Es ging deßhalb das Verlangen der deutschen Patrioten schon wiederholt auf die Errichtung einer deutschen Kriegsflotte, unter

einer gemeinschaftlichen deutschen Flagge und einer gemeinsamen
auswärtigen Vertretung. Wir dürfen daher diese Anstalten —
neben der Organisation einer einheitlichen Landmacht — als das
wesentlichste Bedürfniß ansehen, dessen Befriedigung von unserem
Bunde verlangt wird.

Nun bildet aber die Anschaffung von Schiffen, die Aus-
rüstung und Proviantirung derselben; die Auswahl, Anstellung,
Instruirung und Controllirung ihrer Bemannung ꝛc. eine Menge
von Geschäften, welche sich für unsere Bundesbehörde nicht zu
eignen scheinen; — es scheint dagegen eine solche Einrichtung
viel angemessener, wonach diejenigen Bundesstaaten, welche
eine Handelsmarine besitzen, auch die Unterhaltung einer Kriegs-
marine zu übernehmen haben würden.

Träten Oesterreich und Preußen mit ihrem ganzen Ländergebiete in den Bund, so würden auch ihre beiderseitigen ganzen
Handelsmarinen dem Bunde angehören; hierzu würden dann die
Handelsmarinen von Hannover, Mecklenburg, Oldenburg, Holstein und der drei Hansestädte hinzukommen; — diesen Handelsmarinen wäre die Verpflichtung aufzulegen — nach dem Verhältnisse ihrer Tonnengehalte — eine Anzahl von Kriegsfahrzeugen
auszurüsten und zu unterhalten.

In der Regel würden diese Kriegsschiffe nur zum Schutze
jeder eigenen Handelsmarine zu dienen haben, und nur bei nothwendig werdenden größeren Unternehmungen würden, nach An-
leitung der Bundesbehörde, die Kriegs-Fahrzeuge mehrerer
Handelsmarinen zu vereinigen sein; auch würden sie in diesem
Falle ihre Instructionen von dieser Behörde zu empfangen haben.

Die Bestellung von Consuln könnte denselben Seestaaten
ebenfalls dergestalt aufgetragen werden, daß man sie unter sie
so vertheilte, daß jeder derselben die Consuln auf denjenigen
Stationen einzusetzen hätte, mit welchen er den meisten Verkehr
unterhält; diese Consuln wären dessen ohngeachtet anzuweisen,
die Interessen des ganzen Bundes zu vertreten.

Träten dann auch Dänemark, Holland und Belgien dem
Bunde bei, dann würde sich die deutsche Kriegsflotte dadurch

noch bedeutend verstärken, und im Stande sein, den Flotten Englands, Frankreichs und Nordamerikas die Wage zu halten.

Bedenkt man, in welcher untergeordneten und abhängigen
Lage sich jetzt die Wehrkraft zur See aller dieser Staaten befindet;
— wie sie, jenen drei Seemächten gegenüber, ganz vertheidigungs-
los erscheint, so muß es einleuchten, wie sehr eine solche Vereinigung — bei welcher sie aus einer abhängigen, in eine selbstständige Lage übergehen würden — in ihrem eigenen Interesse
begründet ist.

Daneben würde hiermit die deutsche Nation in dem großen
Werke der Verbreitung der europäischen Cultur über alle Theile
der Erde, aus ihrer passiven Stellung heraustreten, und ebenso,
wie die übrigen Seemächte, in fernen Welttheilen ihre National-
angehörigen nicht nur kräftig beschützen, sondern auch für ihre
auswandernden Söhne selbstständige Herrschaften gründen können.
Die Gründung solcher auswärtiger Colonieen würde sich indessen
ebenfalls nicht wohl für die Bundesbehörde eignen; nach unserer
Ansicht müßte dies den einzelnen Bundesstaaten überlassen
bleiben; diese Colonieen würden sich dessen ohngeachtet des Schutzes
der ganzen Bundesmacht zu erfreuen haben, wogegen aber auch
die Schlichtung der dieselben betreffenden Streitigkeiten dem
Bunde vorbehalten werden müßte.

Zu welcher Ausdehnung und Blüthe des Handel und Wohl-
standes die deutsche Nation, unter solchen Verhältnissen, schon nach
wenigen Jahrzehnten gelangen würde, das läßt sich nicht wohl
ermessen, sie würde aber höchst wahrscheinlich hierin keiner der
übrigen Nationen der Erde nachstehen.

Die fortschreitende Entwicklung der deutschen Nation und die
Realisirung der beiden obenbezeichneten Bundeszwecke erfordern
eine zweckmäßige Bundesorganisation.

Zunächst sind es die Bundesfürsten und die Regierungs-
behörden der deutschen Republiken, welche, nach wie vor, in einer

Fürstenkammer ihre Vertretung finden müssen; — doch darf zur giltigen Schlußfassung nie die Einhelligkeit aller Stimmen verlangt werden, weil dadurch eine nie zu überwindende Lähmung aller Wirksamkeit eintreten würde.

Auch wäre dieser Fürstenkammer die vollziehende Gewalt des Bundes zu übertragen, welche sie dann durch — aus ihrer Mitte hervorgehende — Commissionen zu bewirken hätte.

Bei der Erweiterung des Bundes würde die gegenwärtige Kriegsverfassung desselben nicht fortbestehen können; es bedarf dieselbe weder einer Eintheilung in eine bestimmte Anzahl von Armeekorps, noch besonderer Bundesfestungen und Bundesgarnisonen; es reicht hin, daß jeder Bundesstaat sich bereit hält, im Falle einer Kriegsgefahr, ein Prozent seiner Bevölkerung unter die Waffen zu stellen, nachdem sich dieselbe in freien Turn- und Schützenvereinen hierzu vorgebildet hat, und jährlich einige Wochen von wohlvorgebildeten Offizieren einexercirt worden ist.

Sobald eine Kriegsgefahr eintritt, können die weiter nöthigen Anordnungen, den Umständen gemäß, getroffen werden; — die Bestellung des obersten Feldherrn würde demjenigen Großstaate zufallen, welcher von der betreffenden Kriegsgefahr am meisten bedroht erscheinen würde.

Der Vertretung der Regierungen in einer Fürstenkammer gegenüber ist eine Volksvertretung erforderlich;*) — über die Art dieser Vertretung herrscht bis daher eine große Verschiedenheit der Ansichten, weshalb wir auf diesen Gegenstand etwas näher werden eingehen müssen.

Zur vollständigen Entwicklung unserer Ansicht müssen wir unser System der gesammten Volksvertretung im deutschen Bunde

---

*) In das Volkshaus könnte etwa aus jedem kleinen Staate ein Deputirter, und aus den größeren Staaten von je ¼ Million Seelen ein solcher gewählt werden.

Ins Fürstenhaus hätte jeder Regent und jede freie Stadt einen Gesandten zu schicken, wobei mehrere der kleinsten Staaten ihre Vollmachten einem gemeinschaftlichen Gesandten übergeben, und wobei die Gesandten der Großstaaten eine Mehrheit von Stimmen erhalten könnten.

von Unten an aufbauen, auf deſſen Gipfel dann erſt die Ver=
tretung am Bunde ſelbſt als höchſte Stufe erſcheinen wird.

Es kann zwar das von unſeren Demokraten verlangte allge=
meine Stimmrecht bei dieſer Vertretung anerkannt werden, doch
kann es nur inſoweit in Ausübung kommen, als die Urtheils=
fähigkeit der Berechtigten hierzu ausreicht.

Zu allen Zeiten hat die Mehrzahl der Bevölkerung civiliſirter
Staaten aus ſolchen Arbeitern beſtanden, welche ihre ganze Zeit und
Kraft dem Erwerbe ihrer Subſiſtenzmittel widmen mußten, und
welche deßhalb nicht zu der Fähigkeit gelangen konnten, an der
Staatsgeſetzgebung Theil zu nehmen; es iſt dies noch gegenwärtig
der Fall, und wird ſich auch in alle Zukunft ebenſo verhalten; die
Erwartung einer ſo weit gehenden politiſchen Volksbildung oder
politiſchen Mündigkeit des gemeinen Volkes, die dies ändern
werde, iſt eine irrige; — dagegen beſitzt auch der gemeinſte
Arbeiter die Fähigkeit, denjenigen unter ſeinen Mitnachbarn zu
bezeichnen, den er zur Verwaltung der Angelegenheiten ſeiner
eigenen Gemeinde für den würdigſten hält.

Es ſcheint daher nur ein ſolches Wahlgeſetz ſeinem Zwecke zu
entſprechen, worin zwar jeder Staatsbürger als aktiver Wähler
erſcheint, worin aber eine ſolche Stufenfolge der Wahlakte
enthalten iſt, welche der wachſenden Befähigung der Wahl=
männer entſpricht.

Es iſt dies ein Syſtem von direkten Wahlen, in welchem die
Wahlmänner der höheren Stufen zugleich auch Volksvertreter
der verſchiedenen Abſtufungen von geſetzgebenden und verwalten=
den Behörden ſind.

Es verſchmilzt hierbei die Beſtellung der Gemeindeverwaltung,
der Provinzial-Landtage und der Staatsvolksvertretung mit
dem Wahlkolleg für die Volksvertretung im deutſchen Bunde in
ein zuſammenhängendes Wahlſyſtem, indem immer die vorher=
gehende Stufe als Vorſchule zur Befähigung für die folgende
angeſehen wird.

Auf der unterſten Stufe nehmen alle unbeſcholtenen ſelbſt=
ſtändigen Gemeindeglieder jedes Dorfes und jeder Stadt an der

der Wahl ihrer Gemeindevorstände Theil. — Die aus dieser Urwahl hervorgehenden Gemeindebeamten, welche 3 Jahre lang ihre Gemeindeämter zur Zufriedenheit der Gemeindeglieder verwaltet haben, und dann wiederholt gewählt worden sind, bilden dann das Wahlkolleg der zweiten Stufe, nämlich für die Provinzialvertretung; denn die Gemeindeverwaltung ist die natürliche Schule, in welcher sich der Blick des gemeinen Staatsbürgers aus dem engen Kreise des Familienlebens zu jenem des Gemeindelebens, und aus dem Bereich der Sonderinteressen in jenes des allgemeinen Gesellschaftsinteresses erweitert; sie ist der sicherste Prüfstein seiner Redlichkeit, seines Gemeinsinnes und seiner Vaterlandsliebe; wer diese Prüfung bestanden hat, dem kann auch die Wahl der Provinzialvertreter anvertraut werden.

In ähnlicher Weise bilden die Volkskammern der einzelnen Provinzen die natürliche Schule zur Befähigung für den Wahlakt der Volksvertretung in der Volkskammer jedes Staats; auch hierbei kann das Wahlrecht auf diejenigen Mitglieder beschränkt werden, deren Tüchtigkeit durch wiederholte Wahlen verbürgt worden ist.

Es ist hier überall nur vom aktiven Wahlrechte die Rede; passiv wählbar müßte jeder unbescholtene Staatsangehörige sein, der das dreißigste Lebensjahr erreicht hätte.

Als höchste Stufe dieses Systemes erscheint dann der Wahlakt für das Bundesparlament; derselbe ist von den Mitgliedern der Landesvertretungen der kleinen und mittelgroßen Staaten, und in den Großstaaten von den Mitgliedern der Provinzialkammern auszuüben, ohne jedoch hierbei auf ihre eigenen Mitglieder beschränkt zu sein.

Zur Rechtfertigung dieses Systemes sei es mir erlaubt, folgende Bemerkungen anzuschließen:

Durch die Verschiedenheit des Besitzthumes, der Lebenslage und des Berufes hat sich die Gesellschaft civilisirter Staaten in eine Menge von Körperschaften, Klassen und Stände abgetheilt; jede dieser Abtheilungen hat ein besonderes Interesse, ein Standesinteresse.

Alle diese Körperschaften haben eine natürliche Tendenz, ihre Standesvorzüge zum Nachtheile der übrigen Mitglieder der Staatsgesellschaft immer weiter auszudehnen und ihnen eine übermäßige Geltung zu verschaffen; die allgemeine Schranke, gegen alle diese Bestrebungen wird gebildet durch die Gleichberechtigung, und es ist eine Hauptaufgabe der Staatsgewalt, diese Gleichberechtigung aufrecht zu erhalten, und jeden Uebergriff der Sonderinteressen mit kräftiger Hand zurückzuweisen.

Schon bringen Geburt und persönliches Talent eine unvermeidliche Ungleichheit unter die Mitbewerber im allgemeinen Wettkampfe um Lebenserhaltung, um Besitz und Ehre.

Standes- und Korporationsprivilegien werden nur solchen zu Theil, welche bereits durch Geburt und Talent bevorzugt wurden; — sie vermehren daher noch die ursprüngliche Ungleichheit, und verstoßen dadurch gegen die allgemeine Gerechtigkeit, welche den Staatsgesetzen vor Allem eigen sein sollte; — sie verstoßen aber auch gegen diejenige Gleichberechtigung, auf deren Grund nur allein der höchste Erfolg jener Concurrenz der geistigen Kräfte erzielt werden kann, welchen wir als das vorzüglichste Mittel zur Erreichung des Staatszweckes kennen.

Da in früheren Zeiten mehrere Körperschaften, besonders der Adel und die Geistlichkeit, eine vorzugsweise Theilnahme an der Gesetzgebung genossen haben, und man bei der weiteren Ausbildung des Repräsentativsystemes ihnen den Bürger- und Bauernstand, und zuletzt auch die Handelsleute und Fabrikanten, als besondere Stände zugesellte, so entwickelte sich hieraus das ständische Repräsentativsystem, welches immer noch viele Freunde unter den heutigen Staatsmännern zählt, weshalb wir es hier einer kurzen Prüfung unterwerfen wollen.

Haben diese verschiedene Körperschaften oder Stände, als solche, Repräsentanten in die gesetzgebende Versammlung zu wählen, so entstehen Wahlversammlungen, welche aus solchen Mitgliedern bestehen, deren Meinungen in allen übrigen Beziehungen sehr von einander abweichen können, welche aber in einem Punkte vollkommen miteinander übereinstimmen, nämlich in dem

2 *

Streben nach der Geltendmachung und Erweiterung ihrer Standesinteressen und ihrer gemeinsamen Korporationsprivilegien. Sie werden daher nur immer solche Männer aus ihrer Mitte wählen, welche sie als die eifrigsten und rücksichtslosesten Vertheidiger derselben kennen.

Aus solchen Wahlversammlungen geht dann eine solche gesetzgebende Körperschaft hervor, in welcher zwar jedes Sonderinteresse und jedes Privilegium eine kräftige Vertretung findet; in welcher aber das allgemeine Gesellschafts- oder Staatsinteresse, oder der Staatszweck, ganz und gar aus den Augen verloren wird.

Jedes Mitglied hat darin nur die Interessen seiner Korporation im Auge; — jede Frage faßt es von diesem Gesichtspunkte auf; — es entsteht ein Kampf um die ausgedehntere Befriedigung aller dieser Sonderinteressen, auf Unkosten der Gesammtheit, in welchem nur denjenigen Korporationen der Sieg beschieden ist, deren Vertreter am zahlreichsten und beredtesten sind, oder welche sich durch Complottbildungen und gegenseitige Verpflichtungen eine Stimmenmehrheit zu verschaffen wissen.

So waren es die Sonderinteressen des Adels, welche durch Steuerfreiheit, durch die Ausdehnung seiner Gerichtsbarkeit, seiner Jagdrechte, ja sogar durch Korneinfuhrverbote; — so die Sonderinteressen der Geistlichkeit, welche durch die Verfolgung der Andersgläubigen und die Vermehrung ihrer Pfründen; — so die Sonderinteressen der Farikanten, welche durch Einfuhrverbote und Schutzzölle; — so die Sonderinteressen der Handwerksmeister, welche durch Verschärfung des Zunftzwanges, zum Nachtheile der Gesammtheit sich geltend zu machen mußten.

Während dem fand sich oft in der ganzen Versammlung Niemand, der im Sinne unseres Staatszweckes und der allgemeinen Wohlfahrt, die Gesammtheit zu vertreten Willens und befähigt gewesen wäre.

Soll eine gesetzgebende Versammlung die Gesammtinteressen fördern; — soll sie mit unparteiischer Gerechtigkeit jedes Sonder-

intereſſe in die von der allgemeinen Gleichberechtigung vorgezeichneten Schranken zurückweiſen; — ſoll ſie — im Sinne eines
vernünftigen Staatszweckes — die der fortſchreitenden Entwicklung entgegentretenden Hinderniſſe beſeitigen, ſo muß ſie aus
ſolchen Perſonen zuſammengeſetzt werden, welche, beſeelt von
reiner Vaterlandsliebe und von uneigennützigem Gemeinſinne —
unter Verläugnung ihrer perſönlichen und ihrer Standesinte-
reſſen — nur die Wohlfahrt der Geſammtheit anzuſtreben
bemüht ſind.

Der Standesvertretung ſteht das allgemeine Stimmrecht
gegenüber; wir werden auch dieſes näher in's Auge zu faſſen
haben.

Während Ariſtoteles den Beweis zu führen ſucht, daß die
Sklaverei in der Natur begründet ſei, und daß die Seelen der-
jenigen Menſchen, die zum Gehorſam beſtimmt ſeien, verſchieden
von den Seelen derjenigen geſchaffen worden ſeien, die zum
Befehlen beſtimmt ſeien; und während Plato eine Herrſchaft der
Intelligenz verlangt, von welcher ausdrücklich die, für die
Regierungsgeſchäfte unfähige Menge ausgeſchloſſen wird, geſteht
J. J. Rouſſeau allen Staatsbürgern, ohne Unterſchied, ein
gleiches Recht zur Theilnahme an der Geſetzgebung zu.

Auch der vom heutigen Zeitgeiſte aufgeſtellte Grundſatz der
allgemeinen Gleichberechtigung nimmt daſſelbe Recht für je den
Staatsbürger in Anſpruch.

Die durch die Staatsverfaſſung zu löſende Aufgabe drückt
Rouſſeau im 6. Kapitel ſeines Geſellſchaftsvertrages folgender-
maßen aus: „die Auffindung einer ſolchen Art der geſellſchaftlichen Verbindung, wodurch, mittelſt der geſammten Kraft aller
Mitglieder, deren Perſon und Eigenthum geſchützt wird, und
wodurch Jedes — indem es ſich mit Allen verbindet — nur ſich
ſelbſt gehorcht, und ebenſoviel Freiheit behält, als zuvor. Es iſt

dies: die vollständige Einverleibung jedes Mitgliedes, mit allen seinen Rechten in die Gesellschaft; denn, indem sich jedes Mitglied ganz und gar der Gesellschaft hingibt, ist die Bedingung für Alle eine gleiche." —

„Indem sich jedes Mitglied der Gesammtheit hingibt, gibt es sich an Niemand hin; und da es kein Mitglied gibt, über welches es nicht dieselben Rechte erwirbt, welche es Anderen hingibt, erhält es das Aequivalent für das, was es verliert, und eine größere Kraft zur Erhaltung dessen, was es besitzt."

Diese Phrasen bilden die Zauberformel, durch welche die Demokratie, seit Ende des achtzehnten Jahrhunderts, ein goldenes Zeitalter herbeizuführen wähnte; — dieselbe Formel verwandelte sich aber in ihren Händen in einen Vollmachtsbrief zur Unterdrückung der individuellen Freiheit aller derer, die diesen Brief ausstellten, zu Gunsten derjenigen, die ihn empfingen; — er diente ebenso gut despotischen Volkskammern, wie dem monarchischen Absolutismus; — wovon freilich der ehrliche Urheber keine Ahnung hatte. Denn da, in unseren heutigen Staaten, nicht Alle an der Regierung Theil nehmen können, so können sie sich auch nicht durch ein Aequivalent an der Herrschaft über Andere für den Verlust jener eigenen Freiheit entschädigen, die sie der Gesellschaft zum Opfer zu bringen haben.

Unter solchen Umständen ist nur das, was Jeder abgibt — seine individuelle Freiheit — ein reelles Gut: das, was er aber dagegen empfängt: — ein Antheil an der Regierung — ist ein Trugbild.

Das ganze Aequivalent für die vollständige Hingabe seiner Person und aller seiner Rechte an denjenigen Willen, der sich mit dem Willen der Gesammtheit schmückt, besteht darin, daß er an der Wahl des Repräsentanten des Gesammtwillens Theil nehmen kann.

In der wirklichen Welt müssen sich aber die Allermeisten zu diesem Akte der Ausübung ihrer Bürgerrechte ganz unfähig fühlen; sie können ihn daher auch als eine Wohlthat nicht ansehen; — aber gesetzt, sie seien im Stande, mit ihren Mitbürgern,

das zu dieser Stelle am besten geeignete Mitglied ihres gesell-
schaftlichen Verbandes zu wählen, und ihm den Vollmachtbrief
dieses Verbandes zu verschaffen; so wird dieser Repräsentant
immer ein Mensch sein, mit menschlichen Schwächen und Leiden-
schaften — menschlichen Verirrungen unterworfen — und mit
Sonderinteressen, die mit den Interessen der Gesammtheit und
mit denen seiner Wähler im Widerspruche stehen werden; das
was sie hingegeben haben werden, das war ihr persönlicher Wille,
ihre persönliche — wenn auch ebenfalls mit Irrthümern ver-
mengte — Einsicht und ihre persönlichen Interessen; - das, was
sie dafür empfangen haben, ist der Wille eines Anderen und das
Sonderinteresse eines Anderen.

Hier haben wir den günstigsten Fall angenommen, wo dem
Wählenden im Wahlkampfe der Sieg zu Theil wird; bleibt er
aber in der Minderheit, gelangt sein Gegner in die Repräsen-
tantenkammer, oder zur Regierungsgewalt: wo bleibt denn da
die Entschädigung für seine zum Opfer gebrachte Selbstständigkeit und Freiheit?

Während hiernach die, auf diesem Wege zu erlangende, und
dem Volke so pomphaft verheißene Freiheit, auf einer Täuschung
beruht, beruht das, zur Erlangung dieser Freiheit in Anwendung
gebrachte Mittel — das allgemeine Wahlrecht — auf einem gänz-
lichen Verkennen der Natur der bürgerlichen Gesellschaft civilisirter Staaten.

Denn in allen civilisirten Staaten besteht die, alle übrigen
Bevölkerungsklassen weit überwiegende, untere Klasse aus Arbeitern, welche beinahe ihre ganze Zeit und Kraft dem Erwerbe
ihrer Subsistenzmittel widmen müssen, welche sich daher außer
Stande befinden, sich jene geistige Bildung zu verschaffen,
welche zur Beurtheilung der Staatsgesetze erforderlich ist.
Die Beurtheilung der Staatsgesetze wird aber um so schwie-
riger, jemehr die Cultur fortschreitet, und jemehr sich die
Verhältnisse der bürgerlichen Gesellschaft verschlingen und künst-
lich gestalten. So wie hiernach die Beurtheilung der Staatsgesetze an Schwierigkeit zunimmt, eben so sehr muß die Schwierig-

keit wachsen, diejenigen Personen aus der ganzen Staatsgesellschaft herauszufinden, welche mit einem redlichen Charakter auch
die wissenschaftliche Vorbildung und das gesunde Urtheil verbin-
den, um an der Berathung der Staatsgesetze einen wirksamen
Antheil nehmen zu können.

Da nun aber diese Wahl durch die Mehrheit der Stimmen
entschieden werden soll, und diese Mehrheit aus ungebildeten
Arbeitern besteht, so soll sie durch Personen entschieden werden,
denen die hierzu erforderlichen Eigenschaften gänzlich mangeln.
Im Gefühl ihrer eigenen Unfähigkeit folgen sie dem Rathe solcher,
welche sich ihr Vertrauen zu erwerben wissen; — oder vielmehr,
sie geben ihre Stimme denen, die in öffentlichen Wahlversammlungen und in populären Druckschriften ihren Vorurtheilen und
ihren Sonderinteressen am meisten schmeicheln.

Schon die Griechen machten diese Erfahrung; denn Aristoteles
sagt im 4. Abschn. des IV. Buches seiner Politik: „Ein solches
Volk wird, da es von keinem Gesetze gebunden ist, despotisch
regieren; da werden die Volksschmeichler in Ehren gehalten.“ — —
Der Demagoge einer solchen Regierung ist wie der Höfling des
Tyrannen. Wie dort der Tyrann seinen Schmeichler unterstützt
und immer stärker macht, so wird hier das Volk seinen Demagogen
erheben.“

Dieselbe Erscheinung begleitet auch in unserer Zeit das allgemeine Wahlrecht; — zuerst war es in Frankreich, wo sich die
neueren Demagogen denjenigen Anhang, welchen sie zur Erreichung
ihrer selbstsüchtigen Absichten nöthig hatten, durch an das Volk
gerichtete Schmeichelreden verschafften; da hörte man sie aus-
rufen: „Ihr seid Unterdrückte, eurer natürlichen Rechte Beraubte!
Ihr schmachtet im Elend! Ihr müsset in bessere Zustände; ihr
müsset zu eurem Rechte gelangen!“

Solche Reden wurden immer mit glücklichem Erfolge gekrönt,
und der Erfolg waren die Schreckenstage der Jahre 1789 bis
1794 und dann das Ministerium des Februar 1848. Der deutsche
Nachahmungstrieb bemächtigte sich ebenfalls dieser Mittel; politische Schwindler lieferten herzzerreißende Schilderungen vom

Elende der Arbeiterbevölkerung, und es füllten solche Schilderungen einen großen Theil unserer Unterhaltungsliteratur.

Auch der mit seinem bisherigen Zustande zufriedene Handwerker und Landwirth fing nach und nach an, an die Wahrheit jener schmeichelhaften Reden zu glauben, da sie ihm eine glücklichere Zukunft verhießen, und so steigerten sich seine Ansprüche, und so waren es nur diese Ansprüche, welche als eine neue Erscheinung ins Leben traten, während eine wirkliche Verschlechterung der materiellen Zustände — wenigstens in Deutschland — nirgends nachgewiesen werden konnte.

Es konnte nicht fehlen, daß diejenigen dieser Volksschmeichler, welche die größte Redefertigkeit besaßen — ohne Rücksicht auf ihren sittlichen Charakter und ihre geistige Befähigung — im Wahlkampfe den Sieg davontrugen.

Unter solchen Umständen wurden die gesetzgebenden Versammlungen öfter von solchen Ehrgeizigen beherrscht, welche nicht der Sache wegen, sondern für ihre selbstsüchtigen Zwecke ihre Stellen errungen hatten.

Es war dann weit weniger die Frage nach der Uebereinstimmung des beantragten Gesetzes mit dem sittlichen Staatszwecke, oder nach der Angemessenheit desselben zur Abhülfe eines Gebrechens, oder zur Vervollkommnung eines Instituts; sondern man fragte nur nach der Person oder nach der Parthei, von welcher der Antrag ausgegangen war; denn es galt nur um den Sieg von Personen und Partheien; — es wurden hierbei zur Verstärkung der eigenen Parthei Vereinbarungen getroffen, und die mannigfaltigsten Intriguen gespielt; und dieses Treiben war es weit mehr, als das Staatswohl, was die Aufmerksamkeit der Volksrepräsentanten in Anspruch nahm.

Zur Verfolgung seiner Zwecke bedurfte man zunächst Redefertigkeit und eine starke Stimme, um damit seiner Gegner niederzudonnern; dann die Kenntniß gewisser Schlagwörter, wie sie die Zeitbewegung eben hervorgerufen hatte; Kenntniß der Staatswissenschaften, der Zustände und Bedürfnisse des Vaterlandes und seiner Geschichte rc. wurde nicht verlangt und nicht gefunden.

Diese Erscheinung finden wir, ebenso wie in Europa auch in den vereinigten Staaten von Nordamerika; denn aus denselben Ursachen gehen überall auch dieselben Folgen hervor.

Denn auch dorten haben die, im Uebrigen sehr guten Grundsätze, auf denen ihre Verfassung beruht, diese Staaten nicht vor den Uebeln bewahren können, welche mit den allgemeinen direkten Wahlen verbunden sind. Dieses Wahlverfahren bildet die schwache Seite des ganzen nordamerikanischen Staatslebens, und sie führen immer neue Gefahren herbei für den Fortbestand und die ruhige Weiterentwicklung der dortigen Staatsgesellschaft — es müssen dies selbst die größten Freunde jener Verfassung eingestehen, sobald sie einmal Augenzeuge gewesen sind von der fieberhaften Aufregung der ganzen Bevölkerung, und von der Rohheit und Leidenschaftlichkeit, mit welchen selbst im Abgeordnetenhause die Berathungen geführt werden.

Zum Glücke hat die Vereinigung günstiger Umstände die deutschen Volkskammern immer noch vor solchen extremen Erscheinungen bewahrt, wie wir sie in den früheren französischen und in den gegenwärtigen nordamerikanischen Kammern antreffen.

Bei der vorgeschlagenen Einverleibung der nichtdeutschen Provinzen der deutschen Bundesstaaten in den deutschen Bund, stoßen wir auf zwei hiergegen erhobene Bedenken; man fragt: 1) wie können Völker, welche fremde Sprachen reden, sich in einem Parlamente vertreten lassen, wo nur deutsch gesprochen werden darf? 2) wie kann in einer Gesetzgebung, für Völker von ganz verschiedenem Nationalcharacter, und von ganz verschiedenen Bildungsstufen, eine Gemeinsamkeit bestehen?

Zu 1.

Die Sprachen der Ungarn, Polen, Tschechen, sowie auch die der Dänen und Holländer haben eine so wenig ausgebildete Literatur, und sind so wenig verbreitet, daß jeder Höhergebildete

jener Völkerschaften genöthiget ist, noch daneben eine solche
Sprache zu erlernen, welche eine reichere Literatur besitzt und
welche allgemeiner verbreitet ist; im österreichischen Staate ist
dies überall die deutsche Sprache, weil es die Sprache der
Centralbehörden ist, und in Dänemark und Holland ist es ebenfalls die deutsche Sprache, wegen ihrer großen Aehnlichkeit mit
der Sprache des Landes; nur bei den Italienern im Venetianischen
besteht dies Bedürfniß weniger; doch finden sich auch dorten so
viele deutschredende Männer vor, als man zur Beschickung
eines deutschen Bundesparlaments bedarf.

Alle erstgenannten Völker haben ihre höhere Geistesbildung
aus Deutschland zu erwarten, und ihre separatistischen National-
bestrebungen können nur als ohnmächtige Versuche angesehen
werden, sich demjenigen kosmopolitischen Entwicklungsgange zu
entziehen, wonach im Laufe der Zeit die kleineren Völkerschaften
in den größeren aufgehen; dies muß hier um so mehr eintreten,
als sie nirgends als die einzigen Bewohner ihrer Ländergebiete
erscheinen, und überall mit Völkern anderer Nationalität stark
untermischt sind.

Zu 2.

Man behauptet zunächst das Gewerbswesen höher gebildeter
Staaten erfordere andere Handelsgesetze, als das roherer Völker;
es könnten daher in den nichtdeutschen Provinzen Oesterreichs
dieselben Handelsgesetze nicht dieselbe Anwendung finden, wie in
den deutschen Ländern des deutschen Bundes.

Die geläuterte Einsicht in die Naturgesetze der Volkswirthschaft zeigt uns jedoch, daß gerade da der freie Verkehr am wohl-
thätigsten wirkt und den lebhaftesten Austausch herbeiführt, wo
fruchtbare ackerbautreibende Ländergebiete mit Fabrikländern verbunden sind; die ersteren erhalten dadurch einen leichteren Absatz
ihrer überflüssigen Naturprodukte und die letzteren für ihre Ge-
werbserzeugnisse; beide bedürfen gleichmäßig der Freiheit und
der möglichsten Vervollkommnung der Transportmittel.

Es läßt sich allerdings nicht läugnen, daß zwischen diesen

Ländern einige Verschiedenheit in der Consumtion der Colonial=
waaren vorkömmt, daß daher im Falle einer vollständigen Zoll=
einigung mit dem deutschen Zollvereine, bei der Vertheilung der
an den Grenzen für den Eingang solcher Waaren erhobenwerden=
den Finanzzölle, einige Schwierigkeit eintritt; — allein man hat
in dem gegenwärtig bestehenden Zollvereine diese Schwierigkeit
den Bewohnern der Stadt Frankfurt und des Königreiches
Hannover gegenüber, zu überwinden gewußt; sie wird daher
auch in dem vorliegenden Falle, bei gutem Willen ebenfalls über=
wunden werden können; — denn man kennt ja aus den Zoll=
registern die Menge der verschiednen, bisher eingegangenen
Waaren, sowohl in den neuaufzunehmenden Ländern, wie auch
im Zollvereinsgebiete; hiernach lassen sich sehr leicht die Prozent=
theile bestimmen die, bei der späteren Vertheilung der Gesammt=
zolleinnahme, jedem Theilnehmer zu überweisen sind.

Nun kommen aber in den gesetzgebenden Versammlungen
noch eine Menge anderer Fragen vor, welche, nach Volkssitte,
Bildungsgrad ꝛc. eine Verschiedenheit in der Beantwortung zu
erheischen scheinen; — diese Schwierigkeit beseitiget sich dadurch,
daß diese Gegenstände den einzelnen Provinzial= und Landes=
Volksvertretungen überlassen bleiben; und daß sich der Bund auf
diejenige Gesetzgebung beschränke, welche sich auf Krieg und
Frieden, den fremden Staaten gegenüber; auf den auswärtigen
Handel, das Bundesheer, die Bundesflotte, die Consularver=
tretung im Auslande und auf die Aufrechthaltung der konstitutio=
nellen Verfassung aller Bundesstaaten beziehen.

Schon der allgemeine Grundsatz, daß keine Beschränkung der
Souveränität und Selbstständigkeit der einzelnen Staaten durch
den Bund stattfinden darf, die nicht durch den Bundeszweck un=
umgänglich geboten erscheint, enthält eine Mahnung, die Wirk=
samkeit des Bundes auf ein unerläßliches Minimum zu beschrän=
ken; diese Beschränkung wird außerdem noch durch die vorge=
schlagene Hereinziehung neuer Ländergebiete geboten, da sich
ohnehin auch die Großstaaten nicht dazu verstehen würden, alle ihre
Regierungsmaßregeln von Bundesbeschlüssen abhängig zu machen.

Da, nach der oben entwickelten Organisation, das Bundesparlament ein Ausfluß der Landes- und Provinzial-Volksver-
tretungen sein würde, so würden dadurch auch Widersprüche und
Competenzkonflikte zwischen diesen verschiedenen Volkskammern
am besten vermieden werden.

§. 3.

Zu erlangende Vortheile.

Zu den räthselhaftesten Erscheinungen im Leben der Völker dieser Erde gehört jene Rivalität, welche schon im Hordenkampfe die einzelnen Stämme gegeneinandertreibt und welche, mit dem Anwachsen der Staatsverbände, diesen Kämpfen immer größere Dimensionen gibt, den friedlichen Aufbau der Wohlfahrt und des Glückes mit frevelnder Hand niederreißt, und die lachenden Fluren in blutige Schlachtfelder verwandelt.

Es entspricht nicht der Bestimmung des Menschen, daß er in ruhiger Selbstgenügsamkeit auf dem einmal erlangten Stadium der Bildung beharre; jene, auf Ehrgeiz und Thatenlust beruhende Rivalität treibt ihn in den Wettkampf mit den gleichen Strebungen anderer Individuen und Völkerschaften, und indem er seine Rivalen zu überbieten strebt, sollen seine Kräfte wachsen, und sein Geist soll sich auf höhere Stufen der Ausbildung emporschwingen.

Lägen nicht solche erhabene Absichten zum Grunde: wie sollten wir es uns erklären, daß wir alle rohe Völker in beständigem blutigen Kampfe begriffen antreffen, und daß nur bei höhergebildeten Nationen längere Friedensperioden eintreten und hiermit die Kriegsjahre seltner werden?

Bei diesen besteht zwar die Rivalität fort, allein sie geht auf ein anderes Feld über; — es entsteht ein wetteiferndes Streben auf den Gebieten der Gewerbthätigkeit und des Handels, und auf jenen der Kunst und Wissenschaft, und dieser edlere Wetteifer tritt an die Stelle blutiger Kriege, welche eigentlich nur der Bildungsstufe der Barbarei angehören.

In diesem Sinne höherer geistiger und sittlicher Bildung ist es, daß schwächere Völker, roheren und mächtigeren Völkern gegenüber, sich durch friedliche Bündnisse vor Kriegsgefahren und Unterjochung schützen, um dann ihren segenbringenden friedlichen Beschäftigungen ungestört obliegen zu können.

Die weitere Ausbildung und Befestigung des deutschen Bundes scheint daher in dem berufsmäßigen Entwicklungsgange der menschlichen Gesellschaft ihre Begründung zu finden. Es wird dadurch nicht nur einem der größten Uebel, welche die Menschheit kennt — dem Kriege — vorgebeugt; es wird auch durch die größere Uebermacht, welche durch diesen Bund geschaffen wird, ein anderes großes Uebel, nämlich die Kriegsbereitschaft in Friedenszeiten, überflüssig, welche man durch stehende Heere herzustellen sucht.

Diese unselige Erfindung der neueren Zeit entzieht den Staatsbürger in den schönsten Jahren seines Lebens — die auf seine Ausbildung den größten Einfluß haben — seinem bürgerlichen Berufe und widmet ihn dem geisttödtenden Garnisonsdienste; sie ist ferner die Ursache der Ueberschuldung der Staaten und der Ueberlastung ihrer Bewohner mit öffentlichen Abgaben; sie opfert die Früchte des angestrengtesten Fleißes der Staatsbürger einer unfruchtbaren und zwecklosen Anstalt.

Durch den erweiterten deutschen Bund wird diese gemeinschädliche Einrichtung ganz überflüssig: denn nach Ausweis der Geschichte waren es nicht die in Garnisonen bereit gehaltenen Soldaten, es waren immer die bedrohten Völker selbst, welche sich vor der Unterjochung durch fremde Kriegsheere gerettet haben; es waren dies die von Vaterlandsliebe beseelten Volksheere; wie auch selbst Preußen, nachdem es im Jahre 1806 durch die Niederlage seines stehenden Heeres seine Freiheit verloren hatte, sie im Jahre 1813 durch sein Volksheer wieder errang.

Vermittelst unseres Bundes — dessen Herstellung gar keine materiellen Kräfte in Anspruch nimmt — wird daher eine Sicherheit gegen äußere Feinde erlangt, wie sie auf andere Weise, selbst mittelst der größten Opfer, nicht erlangt werden kann, und daneben werden jene Uebel beseitigt, welche mit der Unterhaltung der stehenden Heere unvermeidlich verbunden sind.

Indem die deutsche Nation hierbei nur der geläuterten Vernunft und den Forderungen des christlichen Sittengesetzes Gehör gibt, und die rohe Gewalt ihrer Herrschaft beraubt, tritt sie aus der Bildungsstufe der rohen Naturvölker in jene einer höheren Entwicklung; — in eine Bildungsstufe, welche dem, — unserem Geiste vorschwebenden — Ideale der Vernunftherrschaft, und dem höheren sittlichen Berufe der menschlichen Gesellschaft entspricht.

———

Neben dem, in unserer Zeit erhobenen, unbestimmten Verlangen nach deutscher Einheit, erhob sich gleichzeitig auch jenes nach einer deutschen Flotte und nach einer auswärtigen Vertretung der deutschen Nationalität in fremden Staaten; an sie schloß sich der Ruf nach Handelsfreiheit an; alles Dieses sind in unserem Entwicklungsgange sehr wohlbegründete Forderungen, die jedoch nur durch eine zweckmäßige Reform des deutschen Bundes ihre Befriedigung erwarten können.

Unser obiger Vorschlag würde dieselbe vollständig gewähren.

Die wohlthätigen Folgen, welche die Beseitigung der Schranken, welche zwischen den einzelnen Ländern des Zollvereins bestanden haben, mit sich führt, liegen heute Jedermann vor Augen; eine ähnliche Wirkung würde auch aus der Beseitigung derjenigen Schranken hervorgehen, welche zwischen den übrigen deutschen Bundesstaaten noch bestehen; diese Wirkung würde noch erhöht werden, wenn man — wie dies in England im Jahre 1846 geschehen ist — in unserem Eingangstarife alle Schutzzölle beseitigen, und die Finanzzölle — in freihändlerischem Sinne — einer gründlichen Revision unterwerfen wollte.

Unser deutscher Seehandel würde dieselbe Selbstständigkeit erlangen; der deutsche Handelsmann würde auf allen fremden Märkten denselben Schutz und dieselbe Achtung genießen, wie der englische und nordamerikanische; der deutsche Auswanderer würde sich in eigenen deutschen Colonien niederlassen, ohne seine Nationalität, seine Landessprache und seine Sitte verläugnen zu

müssen, und so würde sich deutsche Bildung und Cultur in fernen
Himmelsstrichen ausbreiten können, und jedem Sohne des deutschen Landes, dem sein eignes Vaterland den erforderlichen
Wirkungskreis versagte, würde sich dorten ein zweites Vaterland
darbieten.

Durch die Selbstständigkeit unserer Gemeindeverwaltungen;
durch die Theilnahme des Volkes an der Gesetzgebung in den
Provinzial- und Staatsverwaltungen, so wie an jener im Bundes-
parlamente, würde eine so lebhafte Concurrenz der geistigen
Kräfte der deutschen Nation hervorgerufen und dadurch ein
solcher Fortschritt der Bildung und Cultur herbeigeführt werden,
wie er dem höheren sittlichen Berufe der menschlichen Gesellschaft
nur jemals zu entsprechen vermag.

Der Genuß dieser Wohlthaten würde alle Bevölkerungsklassen von den Vorzügen dieser Verfassung immer mehr über-
zeugen, und ihnen eine Liebe und Anhänglichkeit zu derselben
einflößen, welche als die sicherste Schutzwehr gegen alle sie
bedrohenden Gefahren würde angesehen werden können.

Die deutsche Nation würde sich unter solchen günstigen Verhältnissen in Cultur und Bildung — auf demselben Wege und
in demselben Maße wie ehemals die griechische — über alle
Nationen der Erde emporschwingen und so für die ganze Menschheit eine höhere Stufe sittlicher und geistiger Vollkommenheit
erobern.

§. 4.

Gegenwärtige Gegenstrebungen.

Die im §. 1. geschilderte, dermalige Lage kann nur noch als die Nachwirkung vorübergegangener Zustände angesehen werden; die neueren Zustände, und die Erkenntniß der obengeschilderten Vortheile, welche uns ein großer mitteleuropäischer Bund verspricht, können nicht verfehlen, einen Umschwung der öffentlichen Meinung auch in jenen Regionen herbeizuführen, welche sich den preußischen Illusionen gänzlich hingegeben hatten.

Das, was unser Zeitgeist verlangt, jene Theilnahme der Bevölkerung an der Gesetzgebung, welche jenen Fortschritt der Bildung und Cultur ermöglicht, der uns als der höhere Beruf der menschlichen Gesellschaft erscheint; das wird gegenwärtig von der österreichischen Regierung ihren Völkern gewährt; und das was unser Zeitgeist zurückweist: die absolute Herrschaft des königlichen Beliebens, das wird von der gegenwärtigen preußischen Regierung in Anspruch genommen.

Dieselbe weist die ihr zur Unterstützung dargebotene Hand des Bundes und Oesterreichs zurück, und uneingedenk der Jahre 1805 und 1806 — sucht sie mit Hülfe Frankreichs ihre Hegemoniegelüste zu befriedigen; ihr schon übermäßig gesteigertes Soldatenthum sucht sie bis zum Ruine ihres Landes noch höher zu steigern; — während sie ihre natürlichen Alliirten zurückweist und sich von ihnen isolirt, isolirt sie sich auch von ihrem eigenen Volke, und tritt mit ihm in eine gefahrvolle Opposition.

Befangen in dem trügerischen Wahne, als sei sie berufen eine selbstständige Großmacht zu bilden, während ihr hierzu die Grundlage fehlt, hat sie sich — ihrem eigenen Lande und dem deutschen Bunde gegenüber — in eine Sackgasse verrannt, aus welcher ihr kein anderer Ausweg übrig bleibt, als die Rückkehr auf den ihr durch die Macht der Verhältnisse vorgezeichneten Weg; und niemals war einer Regierung dieser Weg deutlicher vorgezeichnet; — sie braucht nur die von Oesterreich dargebotene Hand zu ergreifen und in Gemeinschaft und in vertrauensvoller Eintracht mit den acht übrigen größeren Bundesstaaten, die von den deutschen Völkern verlangte Bundes-Reform in's Leben zu rufen; — ihre Widerstandskraft und ihre Sicherheit — äußeren Feinden gegenüber — würde hierdurch unendlich mehr gesteigert werden, als durch die möglichste Vermehrung ihres stehenden Heeres; sie würde dann sogar unbedenklich — zur größten Befriedigung ihres ganzen Volkes — den größten Theil desselben seinem bürgerlichen Berufe zurückgeben können.

Während so nach die gegenwärtige Regierung Preußens jenen Trugbildern ihrer Hegemonie nachjagt, und durch ihren Absolutismus ihr ganzes Land gegen sich aufregt, sucht die Regierung Oesterreichs durch liberale Institutionen und Gesetze sich im eigenen Lande mit dem Zeitgeiste völlig auszusöhnen und durch zeitgemäße Anträge auch die Wünsche im deutschen Bunde möglichst zu befriedigen.

So klar diese Sache dem unbefangenen Blicke vorliegt, so erfordert es doch längere Zeit, bis sich die einmal gebildeten entgegenstehenden politischen Parteien wieder auflösen, und bis sich die festgesetzten Vorurtheile berichtigen.

Es ist hauptsächlich die Abneigung gegen Oesterreich, die sich durch das langjährige Regiment Metternich's bei Vielen festgesetzt hat, welche der besseren Erkenntniß entgegentritt und welche eine Menge Zweifel erhebt über die Möglichkeit, aus dem dortigen Völkergemenge gedeihliche Zustände hervorgehen zu lassen; — wir wollen zu ihrer Beruhigung auf diesen Gegenstand etwas näher eingehen.

Zunächst hat man in Abrede gestellt, daß sich so viele verschiedene Nationalitäten in einen einheitlichen Organismus wur-

den zusammenfügen, und auf einem gemeinschaftlichen Reichs=
tage würden vertreten lassen.

Es ist allerdings wahr, daß nicht viel mehr als ein Viertheil
der Gesammtbevölkerung Oesterreichs der deutschen Nation ange=
hört; allein keine der übrigen Nationalitäten steht ihr an Stärke
gleich; keine kann sich selbstständig — ihren Nachbarn gegen=
über — aufrecht erhalten, jede bedarf eines fremden Schutzes,
wenn sie nicht der Eroberungslust ihrer Nachbarn erliegen will;
hierzu kömmt die allenthalbige Vermischung mit anderen Na=
tionalitäten.

Ungarn enthält nur etwa 4,200,000 Magyaren und hier=
neben 4,900,000 andere Nationalitäten; nämlich: 1,800,000
Slovaken, 1,000,000 Serben, 800,000 Kroaten, 600,000
Deutsche und 500,000 Rumänen.

Da der überwiegende Grundbesitz der Magyaren diesen ein
entschiedenes Uebergewicht verleiht, welches sie zur Unterdrückung
der übrigen Bevölkerung zu mißbrauchen streben, so sucht diese
ihren Schutz bei der Centralgewalt in Wien, und sie dient hier=
mit dieser zur Verstärkung ihrer Macht jenen gegenüber.

Aehnlich verhält es sich in Siebenbürgen, wo den 585,000
Magyaren 1,200,000 Rumänen und 200,000 Sachsen gegenüber=
stehen; ferner in Böhmen, wo 1,700,000 Deutsche den 2,600,000
Tschechen, und in Galizien, wo 2,281,000 Ruthenen den
1,900,000 Polen gegenüberstehen.

Jedes dieser Länder bedarf einer höheren Macht, um die
Unterjochung und Mißhandlung der einen Nationalität durch
die andere zu verhindern.

Nur im lombardisch=venezianischen Königreiche findet sich
keine solche Mischung; nachdem indessen das mailändische Italien
abgetrennt ist, liegt es, so wie im allgemeinen deutschen, so auch
im eigenen Interesse jenes adriatischen Uferlandes in Verbindung
mit dem deutschen Hinterlande zu bleiben, da es zur Ver=
mittlung von dessen auswärtigem Handel nach Südosten berufen
erscheint.

Jeder dieser verschiedenen Theile der österreichischen Monarchie

hat eine besondere Landesvertretung in einer besonderen Volkskammer, und erhält dadurch Gelegenheit, seine besondere National-
eigenthümlichkeiten zu schützen und die Gesetzgebung mit denselben
im Einklange zu erhalten.

Die Gegner Oesterreichs haben auch in der Entwerthung
seines Papiergeldes — den dortigen Valutaverhältnissen — ein
Hinderniß der Aufnahme dieses Staates in den deutschen Zoll-
verband finden wollen; — hätten sie bei vereinsländischen
Handelsleuten, welche mit österreichischen im Verkehr stehen, an-
gefragt, so würden sie belehrt worden sein, daß wohl die Inhaber
solcher österreichischen Staatspapiere, deren Zinsen in Papier-
geld ausgezahlt werden, unter den Valutaverhältnissen einigen
Verlust erleiden, daß aber auswärtige Handelsleute ihre Ver-
träge auf Silbergeld gründen, und von jenen Valutaverhältnissen
gar nicht berührt werden, wie dies auch aus dem Umstande her-
vorgeht, daß — ohngeachtet der stattgehabten Entwerthung dieses
Papiergeldes — die Einfuhr aus dem Zollvereine nach Oesterreich im Jahre 1861 auf 40 Millionen Gulden gestiegen ist. Es
bedarf daher nur der Bestimmung, daß auch die Grenzzölle in
Silbergeld zu entrichten seien, um jede Einwirkung jener Valuta-
verhältnisse auf die Zollverwaltung auszuschließen.

Auch die österreichische Tabaksregie hat man als ein solches
Hinderniß bezeichnet; — in den deutschen Zollvereinsstaaten
kömmt aber eine ähnliche Einrichtung — die Salzregie — vor:
es ist die Sorge Oesterreichs, ihre Tabaksregie entweder aufzuheben, oder sie — ebenso wie die Zollvereinsstaaten ihre Salzregie — zu schützen; die Staaten des deutschen Zollvereins haben
von ihr nicht den geringsten Nachtheil zu fürchten.

Wollten die politischen Gegner nur mit einiger Unbefangen-
heit ihre Blicke auf das heutige Oesterreich richten, dann würden
sie ein — seit der metternichischen Zeit — neuerwachtes frisches
Leben erblicken, welches zum großen Theile durch die geläuterte
volkswirthschaftliche Gesetzgebung und durch die neueröffneten
Verkehrswege hervorgerufen worden ist.

Seit etwa 20 Jahren hat sich an der Donau eine neue Welt

erschlossen; Ungarn entwickelt den inneren Reichthum seines Bodens; seine überflüssige Produktion von Korn, Wolle, Tabak bietet es dem vielbegehrenden Westen an, und empfängt dafür dessen Ueberfluß an Fabrikerzeugnissen.

Aber Oesterreich ist nicht nur ein Donaureich, und sein Handel bewegt sich nicht nur von Ost nach West, von Pest über Wien nach Frankfurt und Paris, sondern auch von Norden nach Süden; von Hamburg und Stettin nach Triest und der Adria. Und diese beiden Linien schneiden sich in Wien, und sind durch das neu-entstandene Eisenbahnsystem an Wien gebunden; darauf beruht die ungemein kräftige Entwicklung, welche diese Stadt in gewerb-licher Beziehung seit etwa zwölf Jahren genommen hat; dadurch ist Wien zum Mittelpunkte des Handels und Credits von Mittel-europa geworden.

Wenn nun die Frage entsteht: ob der deutsche Bund, bei einem Eintritte der österreichischen Gesammtmonarchie in den-selben — ihm den Besitz aller seiner Länder garantiren kann? so kann dieselbe ohne Bedenken mit ja beantwortet werden; — denn bei einer solchen wechselseitigen Garantie ist der Vortheil auf der Seite des schwächeren Theiles immer größer, als auf der Seite des stärkeren Theiles, da ersterer des Schutzes weit mehr bedarf als Letzterer. Da jeder kleinere Staat, welcher sich dem Bunde anschließt, die ganze Bundesmacht hinter sich hat, so tritt er aus dem demüthigenden Abhängigkeitsverhältnisse, in welchem er sich — allen größeren Staaten gegenüber — bisher befunden hat, als gleichberechtiget und mit gleicher Macht und Würde begabt, denselben gegenüber; jeder, einem solchen Staate angehörige Bürger sieht sich, im allgemeinen Völkerverkehre, mächtig gehoben; es wächst sein Muth und seine Kraft mit der Stärke des Schutzes, den er genießt, und befähigt ihn zu größeren Unternehmungen; es ist daher das Anerbieten des größten der Bundesstaaten, in seiner Ganzheit dem Bunde anzugehören, für alle kleineren mit überwiegenden Vortheilen verbunden. Hiermit würde dieser erweiterte Bund, mit seiner Bevölkerung von 68 Millionen Seelen, zwischen den übrigen europäischen Staaten als eine überwiegende Großmacht erscheinen, und alle übrigen Mächte würden seine Ueberlegenheit auch in dem Falle anerkennen, wenn er auf die Unterhaltung aller Friedensheere verzichtete, und nur durch eine volksthümliche Regierung, und vermittelst Turn- und Schützenvereinen, den Patriotismus und die Wehrkraft seiner Bevölkerung wach erhalten sollte.

Auch Preußen würde, ohne jedes Opfer, zu einer Wehrkraft und Sicherheit gelangen, welche es auf dem jetzt eingeschlagenen Wege, durch seine eigenen inländischen Hülfsmittel, nicht erlangen kann.

§. 5.

Der Weg zum Ziele.

Alle unsere Projekte zur Bundesreform bleiben eitler Dunst, im Falle der Weg nicht gefunden wird, auf welchem sie ins Leben eingeführt werden können.

Glücklicherweise ist dieser Weg bereits gefunden; Tausende von Stimmen rufen nach einer Volksvertretung am Bunde; wird dieser Volksvertretung gestattet Anträge zu stellen, und entscheidet die Fürstenkammer in allen Fällen durch Mehrheit der Stimmen; — ist die Uebereinstimmung beider Kammern hinreichend zur Ertheilung von organischen Gesetzen und zur Reform der Organisation des Bundes selbst, so wird aus einem solchen Zusammenwirken beider Kammern — wenn auch nicht die vollkommenste Bundesorganisation — doch eine solche hervorgehen, wie sie von dem augenblicklichen Zeitgeiste, oder der öffentlichen Stimme verlangt wird.

Daß hier bei dem Wahlakte der Volksvertreter das oben empfohlene Wahlsystem nicht zum Grunde gelegt werden kann, versteht sich von selbst.

Es scheinen in der jüngsten Zeit bei uns die Wahlgesetze auf ihr Ergebniß keinen großen Einfluß auszuüben; dies zeigen die gegenwärtigen Volkskammern zu Berlin und Darmstadt, so wie auch der Reichsrath in Wien und auch selbst die, nach dem von Hassenpflug eigens erfundenen Wahlgesetze gewählte Volkskammer, welche sich zu Kassel zweimal inkompetent erklärte, bestätigt dies.

So verschieden daher auch die Gesetze waren, nach welchen diese Körperschaften gewählt wurden, so bildeten sie doch sämmtlich einen treuen Wiederhall der öffentlichen Meinung; — hat sich diese öffentliche Meinung einmal in einem gewissen Sinne ausgesprochen, so erfolgt — auch durch die verschiedensten Organe — die Wahl in diesem Sinne, und wenn auch bei der Wahl für die Volksvertretung am Bunde, an dem einen Orte das ständische, und an dem anderen das demokratische Prinzip einige nachtheilige Einwirkung ausüben sollte, so würde dies doch — wegen der Vielheit der Deputirten — auf das Resultat der Abstimmung keinen großen Einfluß auszuüben vermögen. Freilich bedarf die öffentliche Meinung zu ihrer Bildung der Preßfreiheit, und so erscheint auch diese als eine Grundbedingung für die Herbeiführung einer zeitgemäßen Bundesreform.

Es kann daher, nach den obigen Erfahrungen, für den ersten Zusammentritt, unbedenklich nach den verschiedensten, in den einzelnen Staaten bestehenden Wahlgesetzen gewählt werden; ist einmal die reformirende Gesetzgebung in Thätigkeit, so wird sie auch das, in Beziehung auf das Wahlverfahren etwa Erforderliche beschließen.

Es wird übrigens jedermann einleuchten, daß dieser Weg so lange noch nicht betreten werden kann, als die preußische Regierung bei ihrer gegenwärtigen inneren und äußeren Politik beharret; so lange sie ihre eigenen Interessen verkennt und unerreichbaren Luftgebilden nachjagt. Allein wir dürfen auf einen baldigen Umschwung hoffen; — der gegenwärtige Zustand ist zu unnatürlich, als daß er sich lange forterhalten könnte, und der Sieg der Wahrheit, das heißt: die Erkenntniß der eigenen wohlverstandenen Interessen, kann bei einem so hochgebildeten Volke nicht lange mehr ausbleiben.

Und warum sollten wir an der Realisirung unserer so wohlberechtigten Wünsche verzweifeln?

Wir stoßen hierbei allerdings auf eine große Schwierigkeit: zu einer solchen Maßregel wird Einstimmigkeit der sämmtlichen Bundesglieder verlangt; — fehlt eine einzige Stimme, so bleibt sie unausgeführt.

Dieser Schwierigkeit begegnet Heinrich Wuttke in seiner, so eben erschienenen, Brochüre: „Pro Patria, Delegirte, Parlament,

Reichsverfassung*), indem er darin nachweist, daß das Reichs=
wahlgesetz vom Jahre 1849 noch in voller Kraft besteht, und daß
hiernach der Bundestag noch gegenwärtig verpflichtet erscheint,
nach diesem Gesetze die Wahlen auszuschreiben und den Reichs=
tag einzuberufen.

Nicht die Reichsverfassung, welche der Vorsitzende Simon am
28. März 1849 verkündigen ließ, erlangte Gesetzeskraft; denn
der Reichsverweser, welchem die Rechte des Bundestages über=
tragen waren, hatte ihr seine Zustimmung und Unterschrift ver=
weigert; nur das Wahlgesetz hat diese Zustimmung erlangt und
erhielt dadurch Gesetzeskraft.

Da es auch heute noch nicht aufgehoben ist, so bedarf seine
Vollziehung keinen einstimmigen Beschluß des Bundes; es genügt
eine Mehrheit von neun Stimmen.

Sollte man uns ein Veralten, oder die in der Zwischenzeit
stattgehabte Veränderung in den öffentlichen Zuständen entgegen
halten, so erinnern wir an das lange Parlament Englands, wel=
ches von 1640 bis 1660 dauerte, — nachdem es in der Zwischen=
zeit mehrmalen mit Gewalt gesprengt worden war, und andere
Parlamente inzwischen getagt hatten; ferner an die kurhessische
Verfassung von 1831, welche im Jahre 1850 aufgehoben und
1862 wieder hergestellt worden ist.

Werfen wir einen Rückblick auf die letzten vierzig Jahre: als
ich im Jahre 1820 meine neuere Güterlehre verfaßte, und gegen
die damalige bureaukratische Bevormundung, gegen alle Privi=
legien und Fideikommisse, gegen den Güterschluß, gegen den
Zunftzwang, gegen alle Handelsbeschränkungen und Schutzzölle,
sowie für die allenthalbige Theilnahme des Volkes an der Gesetz=
gebung auftrat, konnte ich kaum hoffen, daß ich die Erfüllung
dieser — aus den Naturgesetzen der Volkswirthschaft hervor=
gehenden — Forderungen erleben werde.

Obwohl noch bis zum Jahre 1856 beinahe die ganze Zeitungs=
presse meinem Verlangen nach Handelsfreiheit feindlich gegenüber=

---

*) Leipzig, bei Otto Wiegand, 1863.

ſtand, ſo iſt dieſe Erfüllung dennoch heute beinahe vollſtändig erfolgt, und es ſind gegenwärtig Hunderte von Vereinen eifrig bemüht, dieſe Erfüllung zu vervollſtändigen.

Die oben aufgeſtellten Ziele, ſo wie der unſerer Föderation zu gebende Organismus beruhen auf ähnlichen, in den Menſchen und Dingen begründeten Geſeßen der Zweckmäßigkeit und der allſeitigen Intereſſen; ſo wie aber bei jenen bereits ins Leben getretenen Reformen nicht meine Stimme es war, welche ſie hervorrief, ſo werden auch die hier oben vorgeſchlagenen Reformen nicht durch die vorliegenden Zeilen, ſondern durch den ſelbſtſtändigen Gang der geſellſchaftlichen und ſtaatlichen Entwicklung, in's Leben eingeführt werden.

§. 6.

Der deutsch-französische Handelsvertrag.

Der deutsch-französische Handelsvertrag vom 8. August v. J. steht mit unserer deutschen Bundespolitik in der engsten Beziehung.

Fassen wir die Interessen unseres Gewerbewesens und Handels ausschließlich in's Auge, oder begeben wir uns auf den politischen Standpunkt unserer sogenannten Kleindeutschen, so erscheint er uns sehr vortheilhaft und wir müssen — unter Niederschlagung einzelner Bedenken — seine unbedingte Annahme wünschen.

Fassen wir dagegen unsere politischen Interessen innerhalb des europäischen Staatensystemes, unsere nationale Selbstständigkeit, unsere Stellung im Allgemeinen Welthandel in's Auge, dann müssen wir die Abschließung dieses Vertrages — so weit er sich auf der deutschen Seite nur auf den Zollverein beschränkt — so lange hinauszuschieben suchen, bis wir unsere eigne Zolleinigung über den ganzen Bund, mit Einschluß Gesammt-Oesterreichs, ausgedehnt und unsere Zollgesetze einer gründlichen Revision unterworfen haben.

Es ist die Klugheit und Beharrlichkeit Napoleons III., mit welcher er — der schutzzöllnerischen öffentlichen Meinung seiner Unterthanen gegenüber — den Lehren der Wissenschaft und Erfahrung gemäß, den Freihandel ins Leben einzuführen strebt, sehr hoch anzuschlagen. Während ihm der direkte Weg: die Verkündigung von Gesetzen und Verordnungen auf diesem Gebiete versperrt worden ist, blieb ihm nur der Weg von Staatsverträgen mit fremden Nationen offen, und nachdem er den Eingang englischer und belgischer Waaren, gegen sehr ermäßigte Zölle gestattet und hiermit auch den deutschen Fabrikaten — bei ihren

Umwegen über England und Belgien — Frankreichs Grenzen aufgeschlossen hatte*) lag es im Interesse seines Landes, für die direkte Zulassung derselben sich möglichst vortheilhafte Gegenleistungen auszubedingen.

In den süddeutschen Gutachten über diesen Vertrag spielt die Vergleichung der Leistung mit der Gegenleistung die Hauptrolle; — da wir indessen jede Erleichterung des Verkehrs, und jede Ermäßigung von Zöllen, diesseits und jenseits unserer Grenzen, als reinen und gleichmäßigen Gewinn für beide Theile ansehen, so können wir auf diese Vergleichung — da sie auf den Grundsätzen des Schutzsystemes beruht — keinen großen Werth legen; wie denn auch die Engländer im Jahre 1846 in diesem Sinne ihre Zölle herabgesetzt haben, ohne von irgend jemand dafür eine Gegenleistung zu verlangen; wir müssen daher jeder Erleichterung des Handels und jeder Zollermäßigung, gleichviel ob sie dieß- oder jenseits unserer Grenzen stattfindet, einen gleichen Werth beilegen**). Auch der von Napoleon für seine Franzosen verlangten Gewerbefreiheit und Freizügigkeit können wir unseren Beifall nicht versagen, da sie in den Naturgesetzen der Volkswirthschaft, so wie in den Grundsätzen von Gerechtigkeit und Billigkeit ihre Rechtfertigung finden.

Wir müssen die sofortige Annahme dieses Vertrages Seitens der Bundesstaaten nur deshalb zurückweisen, weil er die, durch den mit Oesterreich am 19. Februar 1853 abgeschlossenen Ver-

*) Zwar sollen Ursprungsscheine dieß verhindern, allein dieselben erschweren die Verwaltung, und bilden die Veranlassung zu Lüge und Betrug; dies haben die Contrahenten zuletzt auch erkannt; nach dem Schlußprotokolle sollen sie von Frankreich nicht mehr verlangt werden, sobald der Abschluß der mit anderen Staaten schwebenden Verhandlungen erfolgt sei, auch sollen alsbald 74 benannte Waarengattungen von dieser Formalität befreit seir.

**) Die Rechtfertigung dieser Ansicht findet sich in K. Arnd: die Volkswirthschaft, begründet auf unwandelbare Naturgesetze, ein Handbuch für die Mitglieder der volkswirthschaftlichen Vereine und der Fortschrittspartheien. Frankfurt 1863 und bei Fr. Bastiat: die Trugschlüsse der Schutzzöllner, Berlin 1847.

trag angebahnte, gegenseitige weitere Zollermäßigung verhindert; indem, nach seinem Art. 31., Oesterreich als eine dritte Macht erscheint, welcher keine Begünstigung gewährt werden kann, die nicht auch Frankreich zu Theil wird; — weil es ferner unnatürlich erscheint, mit fremden Mächten engere Handelsverbindungen einzugehen, als mit den eigenen Bundesgenossen, und weil endlich dieser Vertrag als ein Hinderniß derjenigen naturgemäßen Organisation des deutschen Bundes erscheint, wonach die ganze deutsche Handels- und Zollgesetzgebung ihm zuzutheilen ist.

In Beziehung auf die Beanstandung und Zurückweisung einer Zolleinigung mit Oesterreich sei hier nur kurz bemerkt, daß die Grenze zwischen dem österreichischen Staate und dem Zollvereinsgebiete wohl dreimal so lang ist, als jene des letzteren gegen Frankreich, und daß die Verschiedenheit der gewerblichen Entwicklung — auf welcher der Austausch der wechselseitigen Erzeugnisse hauptsächlich beruht — zwischen Oesterreich und dem Zollvereinsgebiete weit größer ist, als zwischen diesem und Frankreich; daß daher auch in handelspolitischer Hinsicht eine Zolleinigung mit Oesterreich den Vorzug verdient, vor einer solchen mit Frankreich.

Es benimmt dies jedoch dem Handelsvertrage mit Frankreich nichts von seinem Werthe; nur kann er erst in zweiter Linie in Betracht kommen.

Gegen seinen speziellen Inhalt haben wir nur wenige unwesentliche Einwendungen zu machen:

Der Zollverein räumt, nach Art. 8. des Vertrages: „in Gemäßheit der im Zollvereine bestehenden Verabredungen" ein, daß französische Weine, Branntweine und Fette, welche der Eingangsverzollung unterlegen haben, von jeder weiteren, vom Zollvereine, von einzelnen Staaten und von Gemeinden erhobenen Steuern und Accisen frei bleiben sollen.

Hiermit würde jede Uebergangssteuer, Communalabgabe und städtische Accise auf diese Gegenstände gänzlich hinwegfallen, ohne daß die Spezialgesetzgebung hieran etwas ändern könnte, und da wo man dergleichen Abgaben nicht aufheben könnte, da würde diesen französischen Erzeugnissen, vor jenen des eigenen Landes, ausnahmsweise Vorzüge einzuräumen sein.

Da nun aber an vielen Orten des deutschen Zollvereines, und namentlich auch in Kurhessen, eine Communalabgabe auf Getränke und Fleisch und hiermit auch auf alle thierische Fette erhoben wird, welche nicht alsbald entbehrt werden kann, so kann diese Vertragsbedingung nicht wohl angenommen werden.

Auch gegen die Bestimmung der Art. 15 und 17 habe ich einige Bedenken; wenn hiernach die Abschätzung auf dem Zollamte den deklarirten Werth einer Waare um 5 Prozent übersteigt, so kann die Zollbehörde diese Waare, für den deklarirten Werth mit 5 Prozent Zuschlag, an sich nehmen.

Bei den großen Schwankungen, denen die Waarenpreise zuweilen unterliegen, kann aber ein solches Steigen während des Transportes eintreten, daß, ohne ein Verschulden des Absenders, die Deklaration am Zollamte um mehr als 5 Prozent zu niedrig erscheint; ein Zurückhalten dieser Waare würde in diesem Falle als eine Ungerechtigkeit erscheinen; soll diese Maßregel überhaupt eine Anwendung finden, so müßten, nach meiner Meinung, anstatt 5, 20 Prozent festgesetzt werden.

Die nach Art. 25 und 26 von den beiden Contrahenten zugesicherte Gegenseitigkeit, sowohl in Beziehung auf das Reisen, als auch auf den Gewerbsbetrieb und die Niederlassung der jenseitigen Unterthanen; so wie ferner, nach Art. 31, in Beziehung auf die Verzichtung auf alle Ein- und Ausfuhrverbote, scheint zwar keinem Anstand zu unterliegen und auf der größten Gerechtigkeit zu beruhen; allein solche Verpflichtungen geben öfter Anlaß zu Beschwerden, da scheinbare und wirkliche Verletzungen dennoch kaum vermieden werden können; eine daraus erwachsende Beschwerde, Seitens des Zollvereines, kann keine Kriegsgefahr herbeiführen, weil der deutsche Bund nie angriffsweise vorgehen kann; wogegen eine Beschwerde von Seiten Frankreichs zum Vorwande feindlicher Maßregeln benutzt werden kann.

Jemehr solcher Verpflichtungen ein Staat einem anderen gegenüber übernimmt, desto mehr Gelegenheit gibt er demselben,

über Vertragsbruch Beschwerden zu führen und feindliche Maßregeln zu ergreifen, welches Bedenken — Frankreich gegenüber —
von ganz besonderem Gewichte ist.

Wäre Napoleon III., bei seinen freihändlerischen Reformen,
nicht an die Vertragsform gebunden, dann würden wir viel
klüger handeln, wenn wir, ebenso wie dies die Engländer im
Jahre 1846 gethan haben — selbstständig unseren Tarif refor-
mirten und es den Franzosen überließen, dies ebenfalls zu
thun — sie würden es in ihrem eigenen Interesse finden, das so
schwer zu handhabende Differenzzollsystem aufzuheben und uns
Deutsche dieselben Erleichterungen genießen zu lassen, die sie den
Engländern, Belgiern, Italienern und Schweizern bereits einge-
räumt haben, oder doch ihnen einzuräumen im Begriffe stehen.

Da es Preußen versäumt hat, sich vor dem Abschlusse
dieses Vertrages mit den übrigen Mitgliedern des Zollvereins
über dessen Inhalt zu verständigen, so sind dieselben zu dessen
Annahme nicht verpflichtet, und da die Dauer des Zollvereines
bis zum Jahre 1866 verbürgt ist, so können sie die Drohung
Preußens, den Zollverein zu kündigen, vorläufig um so leichter
auf sich beruhen lassen, als sich dieses damit am meisten schaden
und eine große Aufregung in seiner eigenen Bevölkerung hervor-
rufen würde.

Die auf den 9. März l. J. anberaumte General-Konferenz
des Zollvereins wird eine passende Gelegenheit bieten, die handels-
politischen Interessen von Gesammtdeutschland in Berathung zu
ziehen und sich über die erforderlichen Modifikationen dieses
Vertrages zu verständigen.

Daß Frankreich nicht nur zu solchen Modifikationen, sondern
auch zur Ausdehnung des betreffenden Vertrages über alle
übrigen Bundesstaaten, und hiermit auch über Gesammtösterreich
gerne bereit ist, geht aus der neuesten Circulardepesche des
dortigen Ministers des Auswärtigen Drouyn de L'huys hervor,

welche er an die, bei den deutschen Höfen accreditirten Agenten gerichtet hat und deren Inhalt wir hier folgen lassen.

Nachdem er bestimmt ausgesprochen, daß Frankreich keineswegs daran-denke, rein ökonomischen Interessen, Erwägungen politischer Natur substituiren zu wollen, erklärt der Minister, daß die Regierung des Kaisers dem, zwischen den beiden Partheien, von denen die eine die kleindeutsche Union verfolge, die andere die politische und kommerzielle Union des gesammten Vaterlandes verlange, ausgebrochenen Kampfe gänzlich ferne zu bleiben gedenke.

Die Regierung des Kaisers habe bei dem Wunsche, ihre guten Beziehungen zu Deutschland durch einen Handelsvertrag enger zu knüpfen, sich nothwendig an Preußen wenden müssen, das, fremden Ländern gegenüber, der Repräsentant und das legale Organ der Staaten sei, aus denen der Zollverein bestehe. Es sei ganz natürlich, daß Frankreich, nachdem es mit Preußen einen Handelsvertrag geschlossen habe, wünsche, daß dieser Vertrag nicht ein todter Buchstabe bleibe. Das sei der einzige Zweck, den die Regierung des Kaisers zu erreichen suche, indem sie sich den Bemühungen des Berliner Kabinets, den angestrebten Beitritt sämmtlicher Zollvereinsstaaten zu erlangen, anschließe. Dieser Zweck könne um so unverholener eingestanden werden, als er für den aufrichtigen Wunsch Frankreichs zeuge, sich Deutschland mit Erleichterung und Vervielfältigung der Beziehungen und des Austausches zwischen beiden Nationen, durch solide und dauerhafte Banden, mehr und mehr zu nähern.

Herr Drouyn de L'huys bedauert schließlich, daß diese Annäherung sich nur auf einen Theil Deutschlands erstrecke, und wünscht von ganzem Herzen den Augenblick herbei, wo ganz Deutschland die Hand reichen könne, um gegenseitig eine enge Solidarität auf dem Gebiete der ökonomischen Handelsinteressen einzugehen.

Es liegt hiernach keineswegs in den Absichten Frankreichs, auf der alsbaldigen unveränderten Annahme dieses Vertrages

4

zu bestehen; — es wird vielmehr vorausgehende Verhandlungen sehr gerne zugeben, wodurch zwar der Inhalt des Vertrages einige unwesentliche Modifikationen erleidet, wodurch aber zugleich auch das Ländergebiet, über welches er sich auszudehnen hat, bedeutend erweitert werden würde.